Jamie Shelman

WAS ICH VON MEINER KATZE LERNTE

100 Lektionen, die mich glücklich machen

Anaconda

Titel der englischen Originalausgabe:
LIFE LESSONS I LEARNED FROM MY CAT
First published in Great Britain in 2018 by LOM ART,
an imprint of Michael O'Mara Books Limited, London.

Deutsche Übersetzung: Kim Landgraf

Die Deutsche Nationalbibliothek verzeichnet diese Publikation
in der Deutschen Nationalbibliografie; detaillierte bibliografische
Daten sind im Internet unter http://dnb.d-nb.de abrufbar.

Umschlaggestaltung: Druckfrei. Dagmar Herrmann, Bad Honnef,
unter Verwendung einer Illustration von Jamie Shelman
Satz und Layout: Irina Klass, Köln
Printed in Czech Republic 2019
ISBN 978-3-7306-0719-0
www.anacondaverlag.de
info@anacondaverlag.de

FÜR UNSERE NACHBARSKATZE BROOKSY,
DIE JEDEN MORGEN AN UNSEREM
FENSTER AUF UNS WARTET

Ich habe Katzen mein Leben lang geliebt und mit ihnen gelebt und ich weiß, dass man viel von ihnen lernen kann, wenn man nur genau hinschaut: Wie man lebt und liebt und wie man bekommt, was man will. Wie man seinen inneren Frieden findet und erkennt, was in diesem Leben wirklich zählt – Essen, Schlaf und ein bisschen Gesellschaft.

In dieser temporeichen, desorientierten Welt werden mir auf der Suche nach Ruhe, Freude, Behaglichkeit und sogar ein bisschen Beistand Katzen immer lieber (vor allem meine Nachbarskatze Brooksy). Denn Katzen sind weise und albern, bedürftig und distanziert, einfach und besonders – und so wunderbar zufrieden, wenn sie einfach nur nichts tun. Ich hoffe, dass Sie in diesem Buch einige der Lektionen wiedererkennen, die Sie selbst von Ihrer Katze gelernt haben, und dass wir eines Tages alle lernen, still da zu sitzen … vergnügt in die Gegend blinzelnd und zufrieden auf die nächste Mahlzeit wartend.

Jamie

DEHNE DICH
REGELMÄßIG

SCHLAFE VIEL

... DENN FÜR EIN
NICKERCHEN BRAUCHT MAN
SICH NIEMALS ZU SCHÄMEN

SCHAU, DASS DU NICHT FRIERST

GENIEẞE DIE RUHE

WAHRE IMMER EIN
GEPFLEGTES ÄUßERES

ISS MEHR FISCH

TANKE

AUSREICHEND

SONNE

ISS NUR, WAS DIR SCHMECKT

BETREIBE SO OFT WIE
MÖGLICH KÖRPERPFLEGE

EINE PRACHTVOLLE MÄHNE
MACHT ERNSTHAFT ARBEIT

… UND SCHÖNE NÄGEL
EBENSO

FRÜH AUFSTEHEN IST GUT

… ABER NOCH EIN BISSCHEN
LIEGEN BLEIBEN AUCH!

HÖR NIEMALS AUF
ZU TRÄUMEN

SAG ES LAUT, WENN DU WAS WILLST

TEIL DIR DEINE KRÄFTE EIN

SCHAU
ÜBER DEN
TELLERRAND
HINAUS

(AUCH WENN ES KEINER IST)

SEI GEDULDIG ...

... UND VERLIER DEIN ZIEL
NIE AUS DEN AUGEN

ERLERNE DIE KUNST DES VERHANDELNS

SEI DIREKT

GIB POSITIVES FEEDBACK

SUCHE AUGENKONTAKT

MISTE MAL WIEDER ORDENTLICH AUS

VERLIERE NIE DEN MUT

ARBEITE

NICHT

ZU VIEL

BEHALTE JEMANDEN, DER
DICH NICHT MAG, IMMER
BESONDERS IM AUGE

SEI ZUFRIEDEN MIT DEM, WAS DU GESCHAFFT HAST, EGAL WIE KLEIN

PERFEKTIONIERE DEINEN TODESBLICK

... UND DEIN POKERFACE

WERDE
JEMAND
BESONDERES

BEWAHRE IMMER SCHÖN HALTUNG

... UND SCHARFE KRALLEN

GIB NIEMALS AUF

WENN DU DICH EINMAL
ENTSCHIEDEN HAST,
BLEIB DABEI

STECKE DEINE ZIELE HOCH

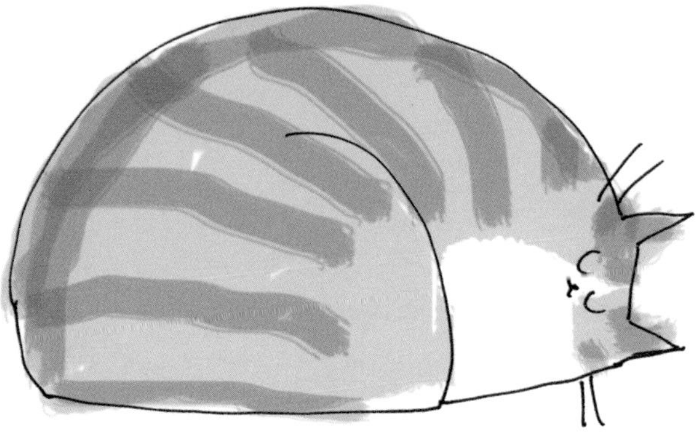

SCHLAF IST DIE ANTWORT
AUF FAST ALLE FRAGEN

FÜR ANGST
BRAUCHT SICH
NIEMAND
ZU SCHÄMEN

LEBE IM AUGENBLICK

SEI UNVERWÜSTLICH

REG DICH ÜBER KLEINKRAM NICHT AUF

NIEMAND SEHEN WOLLEN IST OK

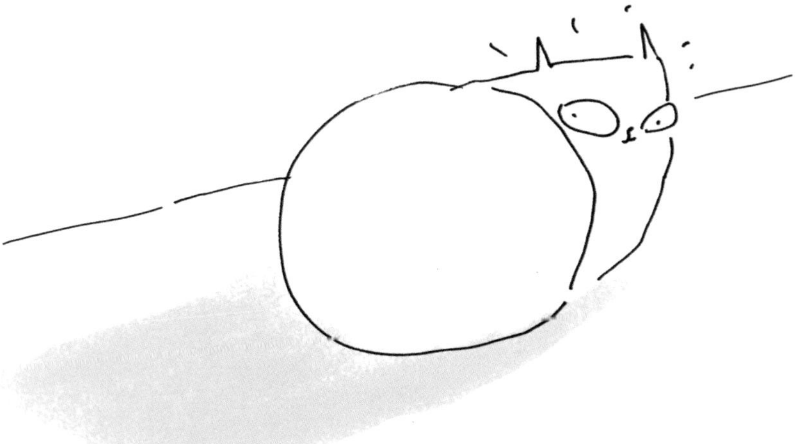

NIMM DIR ZEIT ZUM NACHDENKEN

STELL DICH DEINEN ÄNGSTEN

ENTSCHLEUNIGE MAL

MACHE NUR SPORT,
WENN DU LUST DAZU HAST

LEBE JENSEITS

DEINER

KOMFORTZONE

NIMM NICHT ALLES PERSÖNLICH

ÄNGSTE SIND FAST IMMER IRRATIONAL

MACH DAS BESTE AUS
DEM, WAS DU HAST

WASSER TRINKEN IST
GUT FÜR DIE SEELE

KÜMMERE DICH ZUERST
UM DICH SELBST

ZEIG ES, WENN DU JEMANDEN MAGST

IMMER SCHÖN LÄCHELN,
WENN JEMAND REINKOMMT

SEI, WER DU
BIST, UND
DIE RICHTIGE
PERSON WIRD
DICH DAFÜR
LIEBEN

SEI EMPFÄNGLICH FÜR ZÄRTLICHKEITEN

... ABER ZEIGE NICHT,
DASS DU SIE BRAUCHST

HALTE IMMER MINDESTENS DREI
METER ABSTAND VON DEINEN LIEBEN

FRAUEN UND KATZEN MACHEN, WAS SIE WOLLEN

... MÄNNER UND HUNDE SOLLTEN SICH DAMIT ABFINDEN

LIEBE ZUERST DICH SELBST

BESTIMME SELBST, WIE DU GELIEBT WIRST

ÜBERGEHE JEDEN, DER DICH NICHT VERGÖTTERT

ERST GUCKEN, DANN SPRINGEN

VERTRAUE
NIEMANDEM,
DER KEINE
KATZEN MAG

VERTRAUE DEINER INTUITION

SEI NEUGIERIG

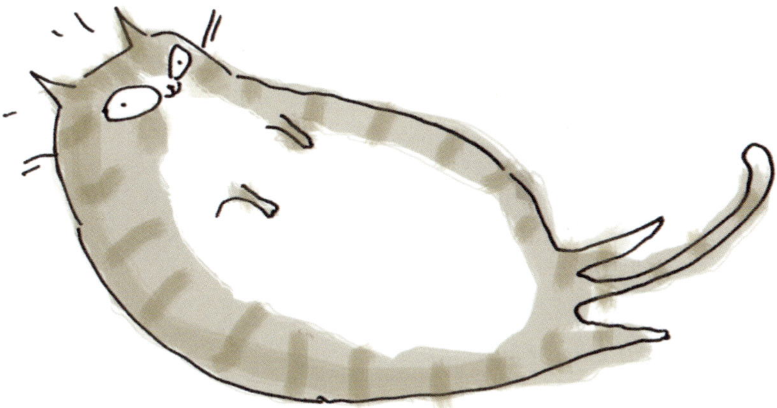

SEI DU SELBST

SEI UNABHÄNGIG

SEI SCHWER ZU FASSEN

MANCHMAL SPRINGT
MAN ... UND STÜRZT

... ABER DU KANNST AUF
DEINEN FÜßEN LANDEN

TESTE DEINE GRENZEN AUS

BEWAHRE IMMER DEINE WÜRDE

SEI EIN GUTER ZUHÖRER

MACH DAS BESTE AUS
DEINEN SIEBEN LEBEN

ENTDECKE DIE WELT

SCHLAFE EINFACH ÜBERALL

BETRACHTE DIE WELT AUS
NEUEN PERSPEKTIVEN

KÜMMERE DICH NICHT DARUM,
WAS ANDERE VON DIR DENKEN

EIN FAUCHEN SAGT MEHR
ALS TAUSEND WORTE

LASS DICH LEICHT AMÜSIEREN

SÜẞ GUCKEN
ENTSCHULDIGT
JEDES
VERBRECHEN

STEHE UM JEDEN PREIS IM
MITTELPUNKT

ES GEHT DOCH NICHTS
ÜBER EIN GUTES BUCH

LERNE, ES DIR ÜBERALL BEQUEM ZU MACHEN

BLEIBE VERSPIELT

LASS DICH
NICHT VERTREIBEN

DU BESTIMMST, WAS DIR GEFÄLLT

VERTEILE GROßZÜGIG

SUCH DIR DEINE FREUNDE
MIT BEDACHT

SEI ALBERN ... UND ZWAR OFT

UMARME DEINE FEINDE

NIMM DEIN
SCHICKSAL
IN DIE HAND

SEI NETT ZU KINDERN

ZELEBRIERE GEMEINSAME MAHLZEITEN

WENN DU AUFMERKSAMKEIT WILLST,

SETZ DICH VOR DEN FERNSEHER

VERTEIDIGE IMMER DEIN ZUHAUSE

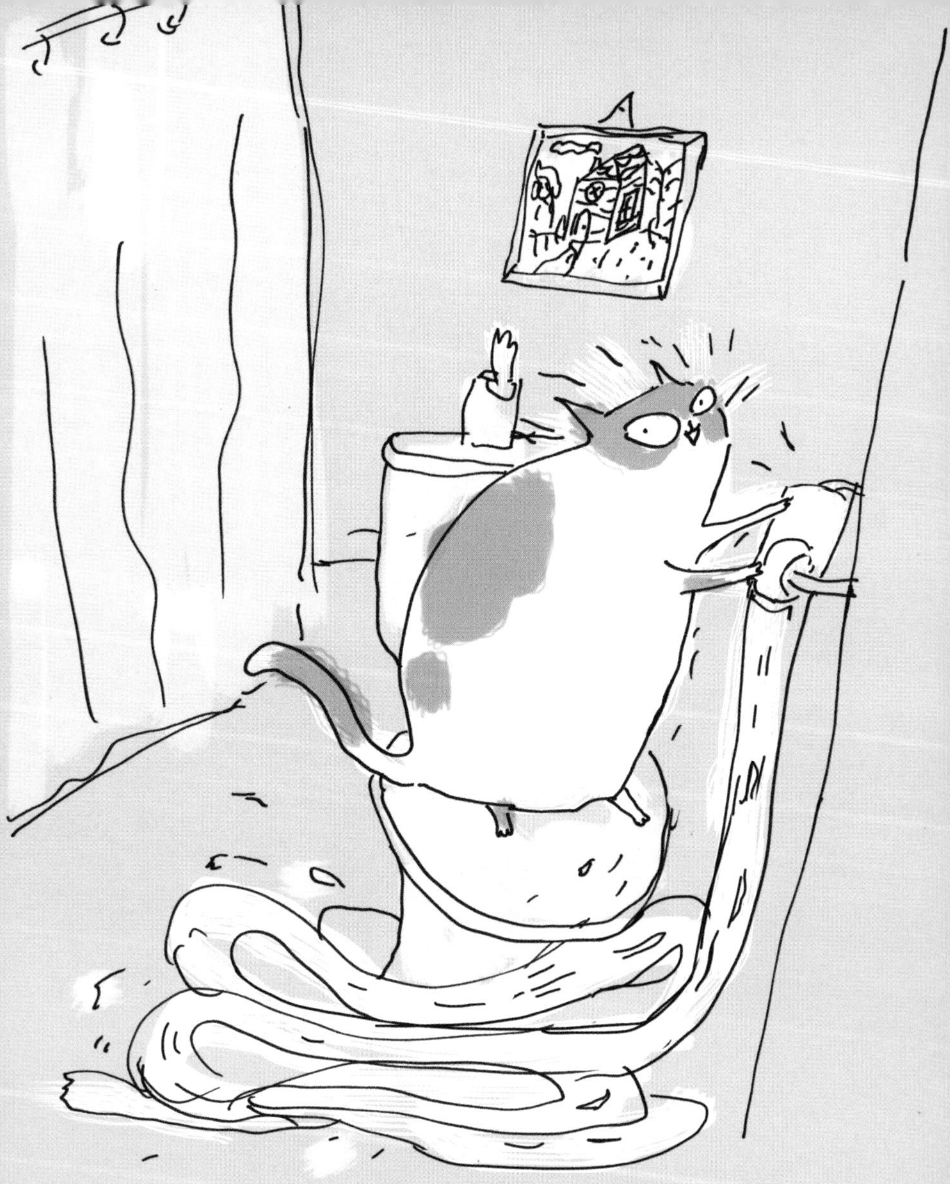

NUR EIN CHAOTISCHES ZUHAUSE
IST EIN GLÜCKLICHES

HAB KEINE ANGST VOR MÄUSEN

LASS DICH
NIEMALS VON
JEMANDEM
VERKLEIDEN

DER BESTE PLATZ IST IMMER,
WO SCHON JEMAND SITZT